Unter Sternen wandern

Die schönsten Texte
von Antoine de Saint-Exupéry

Herausgegeben von Beate Vogt

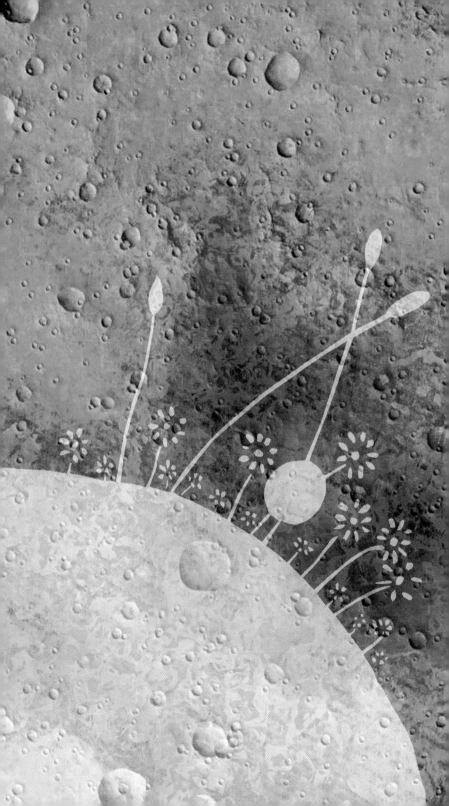

INHALTSVERZEICHNIS

EINLEITUNG

„Mondpiekser" *(pique la lune)* nannten ihn seine Freunde in Kindertagen. Den Spitznamen verdankte er seiner ausgeprägten Stupsnase, aber auch seinem leidenschaftlichen Interesse für den Himmel und die Sterne: Antoine de Saint-Exupéry. Unter diesem Namen kennen ihn viele, den Schriftsteller, der der Weltliteratur das wunderbare Märchen *Der kleine Prinz* geschenkt hat.

Der „wahre" Name des 1900 in Lyon geborenen adligen Sprösslings windet sich über zwei Zeilen; er ließ ihn ebenso hinter sich wie die Vorstellungen seiner Familie vom „Karrieremachen": Sie verlief steil nach oben, ja, aber auf ganz anderen Wegen als gedacht. Sein Weg führte ihn von Lyon nach New York – durch Marokko, Argentinien, Guatemala, Kanada. Er führte ein intensives Leben, als Pilot und als Schriftsteller.

Schreiben und fliegen – für ihn war das eine ohne das andere undenkbar. Er könne nur erzählen, was er selbst erlebt habe, sagte Antoine de Saint-Exupéry einmal. Als Flieger, als Mittler zwischen Himmel und Erde, dem Göttlichen nahe, erlebte er unglaubliche Abenteuer. Im Flugzeug hinterließ er Kondensstreifen im Blau des Himmels, trotzte Gewittern, Stürmen, erlebte Abstürze in der Wüste, rettete andere und machte selbst die wundersame Erfahrung der Rettung. Schriftsteller, der er auch war, hielt er seine Eindrücke und Erfahrungen in Romanen fest: als Postflieger in der Westsahara und in Argentinien (*Südkurier*, 1929; *Nachtflug*, 1931); in der ägyptischen Wüste nach einer Notlandung bei einem Rekordflugversuch sowie in Spanien, wo er als Reporter über den Bürgerkrieg berichtete (*Wind, Sand und Sterne*, 1939), in Nordfrankreich während des Zweiten Weltkriegs als Pilot eines Aufklärungsgeschwaders (*Flug nach Arras*, 1942).

Heute, im Zeitalter des Massentourismus, ist das Fliegen längst kein Abenteuer mehr, und die Faszination, die es bereitet, zwischen Himmel und Erde zu schweben, den „Überblick" zu haben über die Welt und die Dinge, reduziert sich auf den Schnappschuss aus dem Seitenfenster des Urlaubsjets.

Für den Flugpionier Antoine de Saint-Exupéry hatte Fliegen ganz eine andere Bedeutung, und seine Abenteuer wären längst in Vergessenheit geraten, hätte er sie nicht mit wesentlichen Fragen des Menschseins verbunden, mit der Suche nach der inneren Wahrheit. Was ist der Mensch? Was bedeutet Menschsein? Wie gestalten wir unser Sein? Fragen, die ihn zeitlebens bewegten: als Pilot, als Schriftsteller und als Mensch. Einen Fuchs lässt er so etwas wie eine Antwort formulieren: „Man sieht nur mit dem Herzen gut. Das Wesentliche ist für die Augen unsichtbar." Diese Worte aus *Der kleine Prinz* (1943) berühren Menschen weltweit, über alle Grenzen hinweg, bis heute. In 160 Sprachen übersetzt, treffen sie mitten ins Herz. Den Welterfolg hat Saint-Exupéry nicht mehr erlebt. „Pilot did not return" vermerkt der Funker des Flughafens Borgo auf Korsika am 31. Juli 1944 im Bordbuch – von seinem letzten Aufklärungsflug kehrte Antoine de Saint-Exupéry nicht zurück.

Dem Egoismus und Buchhalter-Materialismus der Welt, der Unfähigkeit, anderen zuzuhören, mangelndem Mitgefühl und der Gier nach Besitz setzt Saint-Exupéry das Glück des Zähmens, der Freundschaft und der Liebe sowie die Freude an den Sternen entgegen. Ähnlich verdichtet wie in *Der kleine Prinz* sind diese Erfahrungen eingegangen in *Die Stadt in der Wüste* (posthum 1948), das er als sein Hauptwerk betrachtete, zum Zeitpunkt seines Verschwindens unvollendet. Unglaublich modern muten die Aussagen Exupérys heute an, seine Hellsichtigkeit ist verblüffend.

„Geh und sei ein Mensch!" – fordert Antoine de Saint-Exupéry uns auf. Und mit poetischer Wahrhaftigkeit, ohne moralischen Zeigefinger, entfaltet er einen Sternenhimmel aus Worten, die Licht ins Dunkel werfen, bei Bedarf Orientierung bieten und die das Leben schöner machen.

Ich möchte Sie einladen zu einer Wanderung unter Sternen!

Beate Vogt

1.

Suchen wir einen Brunnen...

DAS WAGNIS DES AUFBRUCHS

Es war am achten Tage nach meiner Panne in der Wüste (…), als ich den letzten Tropfen meines Wasservorrates trank:

„Ach", sagte ich zum kleinen Prinzen, „deine Erinnerungen sind ganz hübsch, aber ich habe mein Flugzeug noch nicht repariert, habe nichts mehr zu trinken und wäre glücklich, wenn auch ich ganz gemächlich zu einem Brunnen gehen könnte!" (…)

„Ich habe auch Durst … suchen wir einen Brunnen …"

Ich machte eine Gebärde der Hoffnungslosigkeit: es ist sinnlos, auf gut Glück in der Endlosigkeit der Wüste einen Brunnen zu suchen.

Dennoch machten wir uns auf den Weg.

Als wir stundenlang schweigend dahingezogen waren, brach die Nacht herein, und die Sterne begannen zu leuchten. Ich sah sie wie im Traum, ich hatte ein wenig Fieber vom Durst.

Die Worte des kleinen Prinzen tanzten durch mein Bewusstsein:

„Du hast also auch Durst?", fragte ich ihn.

Er antwortete nicht auf meine Frage.

Er sagte einfach:

„Wasser kann auch gut sein für das Herz …"

Ich verstand seine Worte nicht, aber ich schwieg …

Ich wusste gut, dass man ihn nicht fragen durfte.

Er war müde. Er setzte sich. Ich setzte mich neben ihn.

Und nach einem Schweigen sagte er noch:

„Die Sterne sind schön, weil sie an eine Blume erinnern, die man nicht sieht …"

Ich antwortete: „Gewiss", und betrachtete schweigend die Falten des Sandes unter dem Mond.

„Die Wüste ist schön", fügte er hinzu …

Und das war wahr. Ich habe die Wüste immer geliebt. Man setzt sich auf eine Sanddüne. Man sieht nichts. Man hört nichts. Und währenddessen strahlt etwas in der Stille.

„Es macht die Wüste schön", sagte der kleine Prinz, dass sie irgendwo einen Brunnen birgt."

Ich war überrascht, dieses geheimnisvolle Leuchten des Sandes plötzlich zu verstehen.

Der kleine Prinz

WIR SIND ALLE PILGER

Wir zählen auch die zu den unsrigen, die anders sind
als wir. Aber welch merkwürdige Verwandtschaft! Sie
gründet sich auf das Künftige, nicht auf das Vergange-
ne. Auf das Endziel, nicht auf den Ausgangspunkt. Wir
sind einer für den andern Pilger, die auf verschiedenen
Wegen einem gemeinsamen Treffpunkt zuwandern.

Brief an einen Ausgelieferten

WELCHER STERN FÜHRT UNS?

Der Wanderer, der seinen Berg in der Richtung eines Sternes überschreitet, läuft Gefahr zu vergessen, welcher Stern ihn führt, wenn er sich zu sehr von den Fragen des Anstiegs gefangen nehmen lässt. Wenn er nur noch handelt, um zu handeln, wird er nirgends hinkommen. Die Kirchenstuhlvermieterin einer Kathedrale, die sich zu eifrig mit dem Vermieten der Kirchenstühle befasst, läuft Gefahr, zu vergessen, dass sie einem Gott dient (…). Wie dringlich eine Handlung auch sein mag, wir dürfen nie vergessen, dass eine innere Berufenheit sie beherrschen muss, soll sie nicht unfruchtbar bleiben.

Brief an einen Ausgelieferten

EIN VERBORGENER SCHATZ

Das Rührende, das der Abschied gebracht hat, lässt man hinter sich, mit einem Stich im Herzen aber auch mit dem seltsamen Bewusstsein von einem Schatz, der unter der Erde verborgen bleibt.

Südkurier

DER EINZIG WAHRE STERN

Wir fühlten uns verloren im Raum zwischen den Welten, unter lauter unerreichbaren Planeten, auf der Suche nach dem einzigen wahren Stern, nach dem einen, der unsere vertrauten Gegenden beherbergt, freundliche Häuser und alles, woran unser Herz hing.

Wind, Sand und Sterne

STERNE, WIE SIE NIEMAND HAT …

„Die Leute haben Sterne, aber es sind nicht die gleichen. Für die einen, die reisen, sind die Sterne Führer. Für andere sind sie nichts als kleine Lichter. Für wieder andere, die Gelehrten, sind sie Probleme. (…) Aber alle diese Sterne schweigen. Du, du wirst Sterne haben, wie sie niemand hat …"

Der kleine Prinz

REISEN IM TAKT DES HERZSCHLAGS

Wir hatten das Gefühl, einer unbekannten Zukunft entgegenzureisen, denn pausenlos trug uns der Schlag unseres Herzens im Zug der steten, nie rastenden Winde.

Wind, Sand und Sterne

Der Mensch ist einer, der Gedichte schreibt und in den Sternen zu lesen lernt.

Nachtflug

Du bist Raupe,
du begreifst nicht, was du suchst.

ANGST VORM UNBEKANNTEN

Nur das Unbekannte ängstigt die Menschen. Sobald man ihm die Stirn bietet, ist es schon kein Unbekanntes mehr, besonders wenn man es mit hellsichtigem Ernst beobachtet.

Wind, Sand und Sterne

Wenn ich mich den Sternen zuwende, vermisse ich nicht das Meer. Ich denke Sterne.

Wind, Sand und Sterne

AUF DER SUCHE NACH WEITE

Sicherlich entflieht man sich beim Reisen auf der Suche nach Weite. Aber die Weite lässt sich nicht finden. Sie gründet sich. Und die Flucht hat noch niemals irgendwohin geführt.

Flug nach Arras

FRIEDEN FINDEN

Als ich durch die Wüste mit dem Tode um die Wette ging, habe ich wieder einmal einer Erkenntnis gegenübergestanden, die dem Kopf so schwer eingehen will. Ich habe mich verloren gegeben, ich glaubte, in den Abgrund der Verzweiflung zu stürzen; aber ich brauchte nur zu verzichten, um Frieden zu finden. Der Mensch muss wohl solche Stunden erleben, um zu sich selbst zu finden und sein eigener Freund zu werden. Nichts kann ihm dann das Gefühl der Erfüllung nehmen, ein Lebensbedürfnis in ihm ist befriedigt, das ihm vorher gar nicht bewusst gewesen war (…). Was können wir tun, um diese Befreiung des Menschen in uns zu fördern?

Wind, Sand und Sterne

EINFACH SEIN

Was muss einer tun? Dieses. Oder das Gegenteil. Oder etwas anderes. Die Zukunft ist nicht vorherbestimmt. Was muss einer sein? Das erst ist die wesentliche Frage; denn der Geist allein befruchtet den Verstand. (…) Der Verstand wird ihn zum Ziel führen.

Flug nach Arras

DEMUT

Demut ist das eigentliche Prinzip des Handelns. Wenn ich in der Absicht, mich freizusprechen, mein Unglück mit dem Schicksal entschuldige, unterwerfe ich mich dem Schicksal (…). Wenn ich den Fehler auf mich nehme, (…) kann ich auf das einwirken, an dem ich teilhabe. Ich bin ein wesentlicher Bestandteil der menschlichen Gemeinschaft. Es ist also einer in mir, den ich bekämpfe, um mich über mich selbst hinauswachsen zu lassen. Ich musste diese schwierige Fahrt unternehmen, um so in mir wohl oder übel das Individuum, das ich bekämpfe, vom Menschen zu unterscheiden, der wächst.

Das Individuum ist nur ein Weg. Der Mensch allein, der ihn einschlägt, zählt.

Flug nach Arras

„Guten Tag", sagte der kleine Prinz.

Guten Tag", sagte der Weichensteller.

„Was machst du da?", sagte der kleine Prinz.

„Ich sortiere die Reisenden nach Tausenderpaketen", sagte der Weichensteller. „Ich schicke die Züge, die sie fortbringen, bald nach rechts, bald nach links."

Und ein lichterfunkelnder Schnellzug, grollend wie der Donner, machte das Weichenstellerhäuschen erzittern.

„Sie haben es sehr eilig", sagte der kleine Prinz. „Wohin wollen sie?"

„Der Mann in der Lokomotive weiß es selbst nicht", sagte der Weichensteller.

Und ein zweiter blitzender Schnellzug donnerte vorbei, in entgegengesetzter Richtung.

„Sie kommen schon zurück?", fragte der kleine Prinz …

„Das sind nicht die gleichen", sagte der Weichensteller. „Das wechselt."

„Waren sie nicht zufrieden dort, wo sie waren?"

„Man ist nie zufrieden dort, wo man ist", sagte der Weichensteller.

Und es rollte der Donner eines dritten funkelnden Schnellzuges vorbei.

„Verfolgen diese die ersten Reisenden?", fragte der kleine Prinz.

„Sie verfolgen gar nichts", sagte der Weichensteller. „Sie schlafen da drinnen oder sie gähnen auch. Nur die Kinder drücken ihre Nasen gegen die Fensterscheiben."

„Nur die Kinder wissen, wohin sie wollen", sagte der kleine Prinz. „Sie wenden ihre Zeit an eine Puppe aus Stofffetzen, und die Puppe wird ihnen sehr wertvoll, und wenn man sie ihnen wegnimmt, weinen sie …"
„Sie haben es gut", sagte der Weichensteller.

Der kleine Prinz

ZWISCHEN DEN ZEILEN LESEN

Kind ohne Spiel, der du nicht mehr zwischen den Zeilen zu lesen verstehst. Ich setze mich zu dir und lehre dich. Du bist eingetaucht in die verlorene Zeit, und die Angst hält dich gefangen, dass du nicht mehr werden könntest.

Stadt in der Wüste

Nein, ich suche nicht die Gefahr;
ich weiß, was ich suche:
ich suche das Leben.

DIE ANZIEHUNGSKRAFT DER BRUNNEN

Wie töricht ist einer, der das Glück der Menschen und der Befriedigung ihrer Wünsche suchen möchte und der glaubt, da er ihnen zusah, wie sie ihres Weges zogen, es komme den Menschen vor allem darauf an, ihr Ziel zu erreichen. Als ob es jemals ein Ziel gegeben hätte. Daher sage ich dir, dass für den Menschen zuerst und vor allem die Spannung der Kraftlinien, an denen er teilhat, von Bedeutung ist, und weiter seine eigene innere Dichte, die sich daraus herleitet, der Widerhall seiner Schritte, die Anziehungskraft der Brunnen und die Schroffheit des Hanges, den er im Gebirge erklimmen muss.

Stadt in der Wüste

HEILTRANK IN DER WÜSTE

Man weicht allem aus, was sich nur schwer mit Worten ausdrücken lässt, obwohl sich doch all das nicht ausdrücken lässt, worauf es in Wirklichkeit ankommt, und obwohl ich noch keinen Professor gekannt habe, der mir auch nur erklären konnte, weshalb ich den Wüstenwind liebte, der unter den Sternen weht. Aber man einigt sich über das Herkömmliche, denn die Sprache, die das Herkömmliche ausdrückt, ist einfach. Und ohne eine Berichtigung befürchten zu müssen, kann man sagen, dass drei Sack Gerste mehr wert sind als einer. Und doch glaube ich den Menschen mehr zu geben, wenn ich sie ganz einfach nötige, jenen Heiltrank zu trinken, der Weite verleiht, weil er dich zuweilen des Nachts in der Wüste unter den Sternen wandern lässt.

Stadt in der Wüste

Nur durch Überwindung
eines Widerstandes
wirst du zu etwas.

Du wolltest jenen Brunnen auf seinen Gebrauch beschränken, der darin besteht, Wasser zu liefern. Doch das Wasser ist nichts, das aus Wassermangel hervorgeht. Und man existiert noch nicht dadurch, dass man nicht an Durst stirbt.

Der wird besser, der aus Wassermangel in der Wüste vertrocknet und dabei von einem Brunnen träumt, den er kennt und von dem er in seinen Fieberträumen das Knarren der Zugwinde und das Knirschen des Seils hört, als der andere, der keinen Durst verspürt und daher gar nicht weiß, dass es zärtliche Brunnen gibt, zu denen die Sterne hinführen.

Ich ehre nicht deshalb deinen Durst, weil er deinem Wasser eine sinnhafte Bedeutung verleiht, sondern weil er dich zwingt, die Sterne und den Wind und die Spuren deines Feindes im Sande zu lesen. Deshalb ist es wesentlich für dich, zu begreifen, dass es ein Zerrbild des Lebens wäre, wollte ich dir das Recht zum Trinken verweigern, um dich zu beleben – denn dann steigerte ich lediglich das Verlangen nach Wasser in deinem Leibe –, sondern dass es, wenn du deinen Durst stillen möchtest, allein darauf ankommt, dich dem Zeremoniell der Wanderung unter den Sternen und der verrosteten Kurbel zu unterwerfen, denn diese singt einen Hymnus, der deinem Tun die Bedeutung eines Gebetes verleiht, damit die Nahrung für deinen Leib zur Nahrung für dein Herz werde.

Stadt in der Wüste

II.

Ich will dich lachen hören...

WARUM ES GUT IST, EINEN FREUND ZU HABEN

„Bitte zähme mich!", sagte der Fuchs.

„Ich möchte wohl", antwortete der kleine Prinz, „aber ich habe nicht viel Zeit. Ich muss Freunde finden und viele Dinge kennenlernen."

„Man kennt nur die Dinge, die man zähmt", sagte der Fuchs. „Die Menschen haben keine Zeit mehr, irgendetwas kennenzulernen. Sie kaufen sich alles fertig in den Geschäften. Aber da es keine Kaufläden für Freunde gibt, haben die Leute keine Freunde mehr. Wenn du einen Freund willst, so zähme mich!"

„Was muss ich da tun?", sagte der kleine Prinz.

„Du musst sehr geduldig sein", antwortete der Fuchs. „Du setzt dich zuerst ein wenig abseits von mir ins Gras. Ich werde dich so verstohlen, so aus dem Augenwinkel anschauen, und du wirst nichts sagen. Die Sprache ist die Quelle der Missverständnisse. Aber jeden Tag wirst du dich ein bisschen näher setzen können …"

Am nächsten Morgen kam der kleine Prinz zurück.

„Es wäre besser gewesen, du wärst zur gleichen Stunde wiedergekommen", sagte der Fuchs. „Wenn du zum Beispiel um vier Uhr nachmittags kommst, kann ich um drei Uhr anfangen, glücklich zu sein.

Je mehr die Zeit vergeht, um so glücklicher werde ich mich fühlen. Um vier Uhr werde ich mich schon aufregen und beunruhigen; ich werde erfahren, wie teuer das Glück ist. Wenn du aber irgendwann kommst, kann ich nie wissen, wann mein Herz da sein soll … Es muss feste Bräuche geben."

„Was heißt ‚ein fester Brauch'?", sagte der kleine Prinz.

„Auch etwas in Vergessenheit Geratenes", sagte der Fuchs. „Es ist das, was einen Tag vom andern unterscheidet, eine Stunde von den andern Stunden (…), sonst wären die Tage alle gleich, und ich hätte niemals Ferien."

So machte denn der kleine Prinz den Fuchs mit sich vertraut. Und als die Stunde des Abschieds nahe war:

„Ach!", sagte der Fuchs, „ich werde weinen."

„Das ist deine Schuld", sagte der kleine Prinz, „ich wünschte dir nichts Übles, aber du hast gewollt, dass ich dich zähme …"

„Gewiss", sagte der Fuchs.

„Aber nun wirst du weinen!", sagte der kleine Prinz.

„Bestimmt", sagte der Fuchs.

„So hast du also nichts gewonnen!"

„Ich habe", sagte der Fuchs, „die Farbe des Weizens gewonnen."

Der kleine Prinz

SCHULTER AN SCHULTER

Man geht so lange Zeit nebeneinander her, jeder in seinem Schweigen befangen, oder man wechselt Worte, denen man nichts mitgibt. Da kommt die Stunde der Gefahr, man sucht Schulterfühlung und entdeckt, dass man zusammengehört. Diese Entdeckung anderer bewusster Wesenheiten weitet den Menschen. Man sieht sich an mit lächelndem Verstehen. Es ist einem zumute wie dem befreiten Gefangenen, der staunend die Unendlichkeit des Meeres erkennt.

Wind, Sand und Sterne

DU NIMMST MICH, WIE ICH BIN ...

Ich, der ich wie jeder das Bedürfnis empfinde, erkannt zu werden, ich fühle mich in dir rein und gehe zu dir. Ich muss dorthin gehen, wo ich rein bin. Weder meine Bekenntnisse noch meine Haltung haben dich darüber belehrt, wer ich bin. Dein Jasagen zu dem, was ich bin, hat dich gegen Haltung und Bekenntnis nachsichtig gemacht, so oft es nötig war. Ich weiß dir Dank dafür, dass du mich so hinnimmst, wie ich bin. Was habe ich mit einem Freund zu tun, der mich wertet? Wenn ich einen Hinkenden zu Tisch lade, bitte ich ihn, sich zu setzen, und verlange von ihm nicht, dass er tanze.

Brief an einen Ausgelieferten

Mein Freund,
Ich brauche dich wie eine Höhe,
in der man anders atmet!

DER SCHLÜSSEL DES AUSTAUSCHS

Die Demut des Herzens verlangt nicht, dass du dich demütigen, sondern dass du dich öffnen sollst. Das ist der Schlüssel des Austausches. Nur dann kannst du geben und empfangen.

Stadt in der Wüste

JENSEITS VON MITLEID UND DANK

Selbst einander beklagen heißt immer noch, zu zweien sein, getrennt zu sein durch das Mitleid. Aber es gibt eine Größe der Beziehungen von Mensch zu Mensch, wo Dank und Mitleid ihren Sinn verlieren. Da atmet man auf wie ein befreiter Gefangener.

Wind, Sand und Sterne

Leicht finden wir Freunde, die uns helfen; schwer verdienen wir uns jene, die unsere Hilfe brauchen.

Brief an einen Ausgelieferten

Je mehr du gibst, um so mehr wächst du. Es muss aber einer da sein, der empfangen kann. Und es ist kein Geben, wenn man dabei nur verliert.

Stadt in der Wüste

Schenken ist ein Brückenschlag über den Abgrund deiner Einsamkeit.

Stadt in der Wüste

Wir sind ja daran gewöhnt, lange auf ein Wiedersehen zu warten. (…) Nach Jahren des Stillschweigens nimmt man längst unterbrochene Gespräche auf und knüpft alte Erinnerungen wieder an. Für einen kurzen Abend sitzt man um einen Tisch in Casablanca, in Dakar, in Buenos Aires. Und dann geht es wieder weiter. Auf diese Weise ist die Welt leer und reich zugleich. Wir besitzen manche heimliche Gärten, die man in ihrer tiefen Verborgenheit nur schwer findet, zu denen uns aber unser Beruf doch immer wieder einmal führt. Das Leben trennt uns oft von den Kameraden, es hindert uns sogar, viel an sie zu denken. Aber sie sind da, wenn man auch nicht recht weiß, wo. Sie lassen nichts von sich hören, und wir denken kaum an sie, und doch sind sie so treu! Wenn sich dann die Wege kreuzen, packen sie uns bei den Schultern und schütteln uns leuchtenden Auges die Hand. Jawohl, wir verstehen zu warten.

Wind, Sand und Sterne

NÄHE - IMMER

Die Anwesenheit des Freundes, der sich dem Anschein nach entfernt hat, kann fühlbarer werden als seine wirkliche Gegenwart. Es ist jene des Gebets.

Brief an einen Ausgelieferten

RECHENKÜNSTE ZÄHLEN NICHT

Der andere hingegen nennt nur den seinen wahrhaften Freund, dem er Geld anvertrauen könnte, ohne dass er einen Diebstahl des Geldes zu befürchten hätte – und dann besteht die Freundschaft aus der Treue, wie sie von Bediensteten gefordert wird –, oder den er um einen Gefallen bitten könnte, den er ihm auch erweisen würde – und dann ist die Freundschaft nur ein Vorteil, den man aus den Menschen herausholt –, oder der ihn notfalls verteidigen würde. Und so ist die Freundschaft eine Gunstbezeigung. Ich verachte aber alle Rechenkunst und nenne den Menschen meinen Freund, den ich in meinem Gegenüber entdeckt habe – den Menschen, der vielleicht verborgen in seiner Schlacke schläft, sich aber vor meinen Augen herauszulösen beginnt: denn er hat mich erkannt und lächelt mir zu, selbst wenn er mich später verraten sollte.

Stadt in der Wüste

EINFACH LÄCHELN

Ein Lächeln ist oft das Wesentliche. Man wird mit einem Lächeln bezahlt. Man wird mit einem Lächeln belohnt. Man wird durch ein Lächeln belebt. Und die Art eines Lächelns kann schuld daran sein, dass man stirbt.

Brief an einen Ausgelieferten

Du wirst immer
mein Freund sein.
Du wirst Lust haben,
mit mir zu Lachen.

WEGWEISER?

Einer, der mich dorthin geführt hat, wohin er mich haben wollte, um sich dann zurückzuziehen, macht mich glauben, dass ich die Welt entdecke, und so lässt er mich werden, wie er es gewünscht hat.

Stadt in der Wüste

Wenn du die Menschen verstehen willst, darfst du nicht auf ihre Reden hören.

Stadt in der Wüste

ZÖGERN, ZWEIFEL, KUMMER

Wir geben uns ein großartiges An-
sehen, wir Menschen, aber heimlich
im Herzen kennen wir das Zögern,
den Zweifel, den Kummer …

Brief an einen Ausgelieferten

DURCH DIE IRRTÜMER DES LEBENS ...

Von Irrtum zu Irrtum findet der Mensch den Weg zum
Feuer. Darum, mein Freund, brauche ich so sehr deine
Freundschaft. Ich dürste nach einem Gefährten, der,
jenseits der Streitfragen des Verstandes, in mir den
Pilger dieses Feuers sieht.

Brief an einen Ausgelieferten

NEUE WELTEN ENTDECKEN

Erschaffen bedeutet, dass du den anderen in eine Lage versetzt, von der aus er die Welt sieht, wie du es wünschst, nicht aber, dass du ihm eine neue Welt anbietest. (…) Denn nicht der ist schöpferisch, der erfindet oder beweist, sondern der zum Werden verhilft.

Stadt in der Wüste

„Du wirst also über dich selbst richten", antwortete ihm der König. „Das ist das Schwerste. Es ist viel
schwerer, sich selbst zu verurteilen, als über andere
zu richten. Wenn es dir gelingt, über dich selbst gut zu
Gericht zu sitzen, dann bist du ein wirklicher Weiser."

Der kleine Prinz

WILLKOMMEN SEIN

Es gibt schon genug Richter auf der Welt. Wenn es darum geht, dich umzukneten und zu härten, so überlass diese Aufgabe deinen Feinden. Sie werden sie gern übernehmen, so wie der Sturm, der die Zeder formt. Dein Freund ist dazu da, dich willkommen zu heißen. Lass dir gesagt sein, dass Gott dich nicht mehr richtet, wenn du in seinen Tempel eintrittst, sondern dich empfängt.

Stadt in der Wüste

SPIEGEL ODER FENSTER?

Ich brauche vor allem einen, der sich wie ein Fenster aufs Meer hin öffnet, nicht aber einen Spiegel, vor dem ich mich langweile.

Stadt in der Wüste

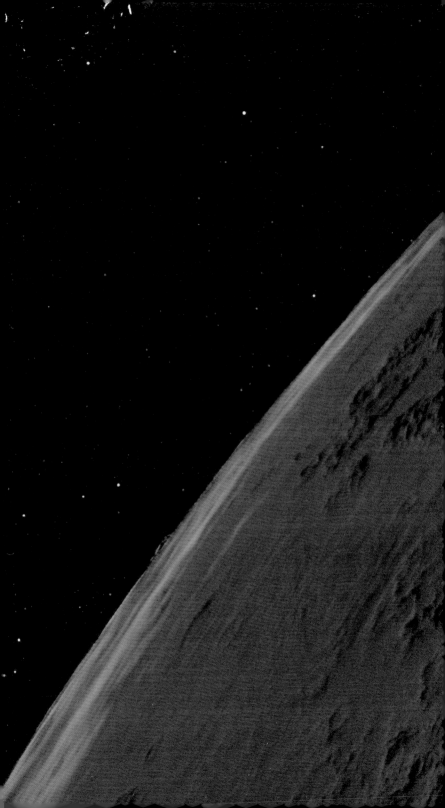

Die wahre Freude
ist die Freude
am andern.

WECKDIENST!

Und wenn du mich fragst. „Soll ich jenen dort aufwecken oder ihn schlafen lassen, damit er glücklich sei", so würde ich dir antworten, dass ich nichts über das Glück weiß. Aber würdest du deinen Freund schlafen lassen, wenn ein Nordlicht am Himmel stünde? Keiner darf schlafen, wenn er es kennenlernen kann. Und gewiss liebt jener seinen Schlaf und wälzt sich wohlig darin; du aber, entreiße ihn seinem Glück und wirf ihn hinaus, damit er werde.

Stadt in der Wüste

NIMM PLATZ AN MEINER SEITE

Darum täuschen sich die, die zu gefallen suchen. Und sich gefügig und biegsam machen, um zu gefallen. Und den Wünschen zuvorzukommen. Und in allen Dingen Verrat üben, um so zu sein, wie man sie haben möchte. Was aber habe ich mit diesen Quallen zu schaffen, die weder Knochen noch Gestalt haben? …
Ich bedarf deiner, der du als Festung gebaut bist, mit deinem Kern, auf den ich stoße. Nimm Platz an meiner Seite, denn du existierst.

Stadt in der Wüste

MIT ECKEN UND KANTEN

Wenn in meiner Kultur einer anders ist als ich, verletzt mich das durchaus nicht, er bereichert mich. Unsere Gemeinschaft, die mehr bedeutet als wir selbst, beruht auf dem Menschen.

Flug nach Arras

SCHICKSALSGEFÄHRTEN

Wozu Hass? Wir sind alle Schicksalsgefährten, vom gleichen Stern durch den Raum getragen. Wir sind die Mannschaft eines Schiffes. Und wenn die Gegensätze der Kulturen wertvoller sind, weil sie immer neue Mischungen erlauben, so ist es ungeheuerlich, dass sie einander vernichten.

Wind, Sand und Sterne

Der Mensch ist nichts
als ein Bündel von Beziehungen.
Die Beziehungen allein
zählen beim Menschen.

III.
Alle Sterne sind voll Blumen

VON DER LIEBE, DIE WERDEN LÄSST

„Adieu", sagte der kleine Prinz zur Blume.

Aber sie antwortete ihm nicht.

„Adieu", wiederholte er.

Die Blume hustete. Aber das kam nicht von der Erkältung. „Ich bin dumm gewesen", sagte sie endlich zu ihm. „Ich bitte dich um Verzeihung. Versuche, glücklich zu sein."

Es überraschte ihn, dass die Vorwürfe ausblieben. Er stand ganz fassungslos da, mit der Glasglocke in der Hand. Er verstand diese stille Sanftmut nicht.

„Aber ja, ich liebe dich", sagte die Blume. „Du hast nichts davon gewusst. Das ist meine Schuld. Es ist ganz unwichtig. Aber du warst ebenso dumm wie ich. Versuche, glücklich zu sein … Lass diese Glasglocke liegen! Ich will sie nicht mehr …"

„Aber der Wind …"

„Ich bin nicht so stark erkältet, dass … die frische Nachtluft wird mir guttun. Ich bin eine Blume."

„Aber die Tiere …"

„Ich muss wohl zwei oder drei Raupen aushalten, wenn ich die Schmetterlinge kennenlernen will. Auch das scheint sehr schön zu sein. Wer wird mich sonst besuchen? Du wirst ja weit weg sein. (…) Zieh es nicht so in die Länge, das ist ärgerlich. Du hast dich entschlossen, zu reisen. So geh!"

Denn sie wollte nicht, dass er sie weinen sähe. Es war eine stolze Blume.

Der kleine Prinz

Meine Wahrheit besteht aus Bruchstücken, und ich kann nur eines nach dem andern von ihnen betrachten. (…) Ich will die Nacht zum Überlegen abwarten. Die heißgeliebte Nacht. Nachts, da schläft der menschliche Verstand, und die Dinge sind nur noch ganz einfach da. Alles, was wirklich wichtig ist, gewinnt wieder Gestalt, ersteht neu aus der zerstörenden Zergliederung des Tages. Der Mensch setzt seine Bruchstücke aneinander und wird geruhsam, einem Baume gleich.

Der Tag gilt häuslichen Auseinandersetzungen, kommt aber die Nacht, dann mündet der Streit in die große Liebe ein. Denn die Liebe ist größer als der Schwall von Worten. Und unter dem gestirnten Himmel lehnt sich der Mann ans Fenster, tritt wieder ein für seine schlafenden Kinder, sein Brot für morgen, sein schlummerndes Weib, das schwach, zart wie ein Hauch dort ruht. Um Liebe streitet sich niemand. Sie ist einfach da. Dass doch die Nacht käme und mir jene Klarheit brächte, die der Liebe würdig ist! (…) Auf dass ich der Wahrheit dienen mag, die bezwingt, auch wenn sie noch nicht in Worte fassbar ist …

Flug nach Arras

Wenn du eine Blume liebst,
die auf einem Stern wohnt,
so ist es süß, bei Nacht
den Himmel zu betrachten.
Alle Sterne sind voll Blumen.

GEMEINSAMKEITEN

Denn ein Schiff erschaffen heißt nicht, die Segel hissen, die Nägel schmieden, die Sterne lesen, sondern die Freude am Meer wachrufen, (…) und wo sie herrscht, gibt es keine Gegensätze mehr, sondern nur Gemeinsamkeiten in der Liebe.

Stadt in der Wüste

IN EINE RICHTUNG SCHAUEN

Wenn uns ein außerhalb unseres Ichs liegendes gemeinsames Ziel mit anderen Menschen brüderlich verbindet, dann allein atmen wir frei. Die Erfahrung lehrt uns, dass Liebe nicht darin besteht, dass man einander ansieht, sondern dass man gemeinsam in gleicher Richtung blickt.

Wind, Sand und Sterne

Ich bin nur dem verbunden,
den ich beschenke.
Ich verstehe nur,
wem ich mich liebend nahe.

Flug nach Arras

WAHRE LIEBE

Der Blinde setzt sich hin und breitet seine Hände aus,
er weiß nicht, woher ihm seine Freude kommt. Von
unseren Aufträgen kommen wir heim, bereit, einen
unerhörten Dank zu empfangen: nichts weiter als einfach die Liebe.
Wir erkennen darin die Liebe gar nicht wieder. Die
Liebe, an die wir für gewöhnlich denken, hat ein stür-
mischeres Gebaren. Doch hier haben wir die wahre
Liebe: ein Gewebe von Bindungen, das einen werden
lässt.

Flug nach Arras

BRUNNEN

Die wahre Liebe veraus-
gabt sich nicht. Je mehr du
gibst, umso mehr verbleibt
dir. Und wenn du dich an-
schickst, aus dem wahren
Brunnen zu schöpfen, spendet er umso mehr, je mehr
du schöpfst.

Stadt in der Wüste

Hat die Liebe einmal gekeimt,
dann treibt sie Wurzeln,
die endlos weiterwachsen.

Die Liebe allein erkennt das Gesicht, das es zu formen gilt. Die Liebe allein leitet zu ihm hin. Die Intelligenz taugt nur im Dienst der Liebe. (...) Zu lange haben wir uns über die Rolle der Intelligenz getäuscht. Wir haben die Grundsubstanz des Menschen vernachlässigt. Wir haben gemeint, (...) der wendige Egoismus könne den Geist des Opfers übertrumpfen, die Nüchternheit des Herzens könne mit schönen Reden Brüderlichkeit oder Liebe gründen. Wir haben das Wesen vernachlässigt. Das Samenkorn der Zeder wird zur Zeder, es mag wollen oder nicht. Das Samenkorn eines Brombeerstrauchs wird zum Brombeerstrauch. Von nun an denke ich nicht mehr daran, den Menschen nach den Formeln zu beurteilen, die seinen Entscheidungen zugrunde liegen. Man täuscht sich zu leicht über die Bürgschaft der Worte wie über die Richtung der Taten. Wer auf sein Heim zugeht, weiß nicht, geht er zum Streit oder geht er zur Liebe. Ich werde mich fragen: „Was für ein Mensch ist er?" Dann erst werde ich erkennen, wohin es ihn zieht und wohin er gehen wird. Am Ende geht einer doch immer dahin, wohin es ihn zieht.

Flug nach Arras

Während ich all das betrachtete, sagte mein Vater:
Du weißt, wie ein Hochzeitsmahl aussieht, sobald die Hochzeitsgäste und die Liebenden aufgebrochen sind. Der Tagesanbruch enthüllt die Unordnung, die sie zurückließen. Zerschlagene Krüge, umgestürzte Tische, die erloschene Kohlenglut – all das bewahrt den Abdruck eines wilden Treibens, das nun erstarrt ist. Doch wenn du diese Spuren liest, sagte mein Vater, wirst du nichts über die Liebe erfahren.

Wenn der Analphabet das Buch der Propheten wiegt und wendet, sagte er mir weiter, wenn er bei der Zeichnung der Buchstaben und dem Golde der ausgemalten Bilder verweilt, verfehlt er das Wesentliche; denn dieses besteht nicht im nichtigen Gegenstand, sondern in der göttlichen Weisheit. So ist das Wesentliche einer Kerze nicht das Wachs, das seine Spuren hinterlässt, sondern das Licht.

Stadt in der Wüste

MIT DEM HERZEN SUCHEN

„Die Menschen bei dir zu Hause", sagte der kleine Prinz, „züchten fünftausend Rosen in ein und demselben Garten … und sie finden dort nicht, was sie suchen …"
„Sie finden es nicht", antwortete ich …
„Und dabei kann man das, was sie suchen, in einer einzigen Rose oder ein bisschen Wasser finden …"
„Ganz gewiss", antwortete ich.
Und der kleine Prinz fügte hinzu:
„Aber die Augen sind blind. Man muss mit dem Herzen suchen."

Der kleine Prinz

Wie wenig Lärm machen
die wirklichen Wunder!
Wie einfach sind die
wesentlichen Ereignisse!

Ich gedachte der Worte meines Vaters: „Wenn das Korn zu schimmeln beginnt, suche den Schimmel außerhalb des Korns und wechsle den Speicher! Wenn sich die Menschen hassen, so höre nicht auf die törichte Aufzählung der Gründe, aus denen sie sich zu hassen glauben! Denn sie haben noch ganz andere Gründe als die, die sie anführen und an die sie nicht gedacht haben. Sie haben ebenso viele, um sich zu lieben. Und ebenso viele, um gleichgültig nebeneinander her zu leben (…). Warum hätte ich die Bausteine ihres Hasses beachten sollen? Sie bauten ihn wie einen Tempel und verwandten dazu die gleichen Steine, mit denen sie ihre Liebe gebaut hätten."

Stadt in der Wüste

Ich ließ daher die Erzieher kommen und sagte ihnen: „Ihr habt nicht den Auftrag, in den jungen Menschen den Menschen zu töten oder sie in Ameisen für das Leben im Ameisenhaufen zu verwandeln. Denn es kümmert mich wenig, ob der Mensch mehr oder minder glücklich ist. Es kommt mir darauf an, inwieweit er mehr oder minder Mensch ist …

Ihr sollt sie nicht mit leeren Formeln, sondern mit Bildern erfüllen, die ein Gefüge mit sich führen. Ihr sollt sie nicht in erster Linie mit totem Wissen vollstopfen, sondern ihnen einen Stil heranbilden, damit sie die Dinge zu erfassen vermögen.

Ihr sollt ihre Eignung nicht nach der vermeintlichen Leichtigkeit beurteilen, die sie nach dieser oder jener Richtung besitzen. Denn der kommt am weitesten und hat den größten Erfolg, der sich am meisten mit sich selber abmüht. Darum sollt ihr euch vor allem um die Liebe kümmern."

Stadt in der Wüste

HERZENSSACHE

Ich kann nicht über die Liebe wie über einen Vorrat verfügen: sie ist vor allem Betätigung meines Herzens.

Stadt in der Wüste

ÜBERGÄNGE

Es ist ein Irrtum zu glauben, man begegne der Liebe,
wenn man sie erlerne. Und der täuscht sich, der im Leben herumirrt, um sich von ihr erobern zu lassen (…).
Ebenso wenig kannst du dich in der Liebe ausruhen,
wenn sie sich nicht Tag für Tag verwandelt (…). Du
aber möchtest dich in deine Gondel setzen und dein
Leben lang zum Lied des Gondoliere werden. Aber du
irrst dich. Denn all das ist ohne Wert, was nicht Auf-
stieg oder Übergang ist. Und wenn du innehältst,
wirst du der Langeweile begegnen …

Stadt in der Wüste

EINFACHE WORTE

Und es ist ja wahr. Dass in gewissen
Augenblicken selbst die einfachsten
Worte von solcher Macht getragen
scheinen, dass es leicht wird, die Liebe lebendig zu erhalten.

Südkurier

Ein Blitz hat dich
ins Herz getroffen,
aber dein Herz war bereit
für den Blitz.

Und doch lernst du die Liebe nur während der Ferien von der Liebe kennen. Und die blaue Landschaft deiner Berge lernst du nur zwischen den Felsen kennen, die auf den Grat hinaufführen. Und Gott lernst du nur kennen, wenn du dich in Gebete versenkst, auf die dir keine Antwort zuteil wird. Denn nur das, was dir außerhalb deiner verströmenden Tage gewährt wird, erfüllt dich mit einem Glück, bei dem du keine Abnutzung zu befürchten brauchst; es wird dir geschenkt werden, wenn sich die Zeiten für dich erfüllt haben und dir zu sein vergönnt wird, nachdem du dein Werden vollendet hast.

Stadt in der Wüste

Wisse den Zwang
von der Liebe zu unterscheiden.

Stadt in der Wüste

LIEBESLEID

Verwechsle nicht die Liebe mit dem Rausch des Besitzes, der die schlimmsten Leiden mit sich bringt. Denn du leidest nicht unter der Liebe, wie die Leute meinen, sondern unter dem Besitztrieb, der das Gegenteil der Liebe ist.

Stadt in der Wüste

MENSCHENLIEBE

Die wirkliche Liebe beginnt, wo keine Gegengabe mehr erwartet wird. Und wenn es darum geht, den Menschen die Menschenliebe zu lehren, kommt der Übung des Gebetes vor allem deshalb solche Bedeutung zu, weil das Gebet ohne Antwort bleibt.

Stadt in der Wüste

Wenn deine Liebe nicht hoffen kann, Gehör zu finden, sollst du sie verschweigen. Sie kann in dir reifen, wenn Schweigen herrscht. Denn sie schafft eine Richtung in der Welt, und jede Richtung lässt dich größer werden, die es dir erlaubt, dich zu nähern, dich zu entfernen, einzutreten, hinauszugehen, zu finden, zu verlieren. Denn du bist einer, der leben muss. Und es gibt kein Leben, wenn nicht ein Gott für dich Kraftlinien erschaffen hat.

Wenn deine Liebe kein Gehör findet, sondern zu einem vergeblichen Flehen wird, wie wenn du einen Lohn für deine Treue erbittest, und du nicht die Seelenstärke aufbringst, zu schweigen, so lass dich heilen, wenn es einen Arzt gibt. Denn man darf Liebe nicht mit der Knechtschaft des Herzens verwechseln. Liebe, die betet, ist schön, aber Liebe die fleht, ist Lakaienliebe.

Wenn sich deine Liebe an der Unbedingtheit der Dinge stößt und etwa die undurchdringliche Mauer eines Klosters oder der Verbannung überwinden muss, so danke Gott, wenn du bei deiner Angebeteten Gegenliebe findest, obwohl sie dem Anschein nach taub und blind ist. Denn es ist dann ein Nachtlicht für dich angezündet in der Welt. Und es kümmert mich wenig, dass du es nicht benutzen kannst. Denn einer, der in der Wüste stirbt, ist reich durch ein Haus in der Ferne, mag er auch sterben ...

Und wenn deine Liebe Gehör findet und Arme sich für dich öffnen, so bete zu Gott, er möge diese Liebe vor der Fäulnis bewahren, denn ich bange um die überglücklichen Herzen.

Stadt in der Wüste

WAHRER BRUNNEN

Denn die wahre Liebe verausgabt sich nicht. Je mehr du gibst, um so mehr bleibt dir. Und wenn du dich anschickst, aus dem wahren Brunnen zu schöpfen, spendet er um so mehr, je mehr du schöpfst.

Stadt in der Wüste

DIE WÜSTE VERZAUBERN

Wenn ich dir die Voraussetzungen der Liebe zerstörte, um dich nicht unter ihr leiden zu lassen – was hätte ich dir dann geschenkt? Ist eine Wüste ohne Brunnen für jene angenehmer, die die Spur verloren haben und an Durst sterben?

Und du sollst wissen, dass der Brunnen, wenn er richtig besungen wurde und in dein Herz eingegangen ist, dir einmal, wenn du dich schon dem Sande vermählt hast und dich anschickst, deine Hülle abzulegen, ein ruhigeres Wasser spenden wird, das nicht von den Dingen, sondern vom Sinn der Dinge herrührt; und ich werde dir noch ein Lächeln zu entlocken wissen, wenn ich dir vom sanften Gesange der Brunnen erzähle.

Wie solltest du mir nicht folgen? Ich bin dein Sinn. Mit einer Sehnsucht verzaubere ich deine Wüste. Ich öffne dir die Liebe. Aus einem Dufte bilde ich ein Reich.

Stadt in der Wüste

SEHNSUCHT NACH LIEBE

Wenn der Geist schläft, lebt der Mensch nicht mehr.
Denn Langeweile ist keine Sehnsucht. Die Sehnsucht
nach Liebe ist immer noch Liebe (…). Und wenn keine
Liebe mehr da ist, gibt es auch keine Sehnsucht nach
Liebe mehr. Du begegnest dann nur noch der Langeweile, die mit den Dingen auf gleicher Stufe steht,
denn diese haben dir nichts zu geben.

Stadt in der Wüste

Die Liebe ist vor allem
ein Lauschen im Schweigen.
Lieben heißt nachsinnen.

FÜR DIE LIEBE GEBOREN

Der Mensch ist gewiss für die Liebe geboren, aber auch für das Leid. Und für die Langeweile. Und für die Verdrießlichkeit und für die schlechte Laune, gleich einem Regenhimmel.

Stadt in der Wüste

IV

Wir wecken den Brunnen auf, und er singt

GESCHENKE FÜRS HERZ
AUS DER TIEFE DER ERINNERUNGEN

Der Brunnen, den wir erreicht hatten, glich nicht den Brunnen der Sahara. Die Brunnen der Sahara sind einfache, in den Sand gegrabene Löcher. Dieser da glich einem Dorfbrunnen. Aber es war keinerlei Dorf da, und ich glaubte zu träumen.

„Das ist merkwürdig", sagte ich zum kleinen Prinzen, „alles ist bereit: die Winde, der Kübel und das Seil …"

Er lachte, berührte das Seil, ließ die Rolle spielen. Und die Rolle knarrte wie ein altes Windrad, wenn der Wind lange geschlafen hat.

„Du hörst", sagte der kleine Prinz, „wir wecken diesen Brunnen auf, und er singt …"

„Lass mich das machen", sagte ich zu ihm, „das ist zu schwer für dich."

Langsam hob ich den Kübel bis zum Brunnenrand. Ich stellt ihn dort schön aufrecht. In meinen Ohren war noch immer der Gesang der Zugwinde, und im Wasser, das noch zitterte, sah ich die Sonne zittern.

„Ich habe Durst nach diesem Wasser", sagte der kleine Prinz, „gib mir zu trinken …"

Und ich verstand, was er gesucht hatte.

Ich hob den Kübel an seine Lippen. Er trank mit geschlossenen Augen.

Der kleine Prinz

VERBORGENE GEHEIMNISSE

Als ich ein kleiner Knabe war, wohnte ich in einem alten Haus, und die Sage erzählte, dass darin ein Schatz versteckt sei. Gewiss, es hat ihn nie jemand zu entdecken vermocht, vielleicht hat ihn auch nie jemand gesucht. Aber er verzauberte dieses ganze Haus. Mein Haus barg ein Geheimnis auf dem Grunde seines Herzens ...

Der kleine Prinz

Wie ungeheuerlich hat sich die Wüste seit ihrer Unterwerfung geändert! Es geht ihr nicht anders als allem Menschenland. Angesichts dieser entzauberten Wüste denke ich an die Spiele meiner Kindheit, an den dunklen und doch so leuchtenden Park, den wir mit Göttern bevölkerten, und an das Reich ohne Grenzen, das wir aus diesem Quadratkilometer niemals gänzlich durchforschten Landes schufen. Wir bildeten einen Kulturkreis für uns, in dem jeder Schritt seine Gesetze und jedes Ding seinen Sinn hatte, die sonst nirgends galten. Was bleibt aber von diesem Park der Kindheit mit seinen zauberhaften Schatten, wenn man als Mann unter anderen Gesetzen lebt? Kommt man dann wieder einmal in die Heimat zurück, geht man in einer Stimmung von Verzweiflung an der kleinen grauen Steinmauer entlang und wundert sich, dass in einem so engen Raum das Gelände eingeschlossen sein kann, das einmal die Unendlichkeit war. Und schmerzlich muss man einsehen, dass man diese Unendlichkeit nie wieder finden wird. Es reicht nicht aus, wieder in den Park zu treten; man müsste in das Spiel selbst zurückfinden können.

Wind, Sand und Sterne

DER DUFT DES MEERES

Ich aber gehe auf den Garten zu.
Er übergibt dem Wind die Spur
des Schiffes, das liebliche Zitro-
nen geladen hat, oder einer Kara-
wane, die nach Mandarinen un-
terwegs ist, oder auch der Insel,
die es zu gewinnen gilt und die
das Meer mit ihrem Duft erfüllt.

Stadt in der Wüste

Mir kommt die Erinnerung an einen Traum:
Einmal war ich mitten im dichten Sand notgelandet und wartete auf den Morgen. Die goldgelben Hügel boten dem Mond ihre leuchtenden Seiten, die Schattenseiten aber stiegen schwarz bis zu der Lichtscheide empor. In dieser Riesenhalle aus Licht und Schatten herrschte der Friede der Arbeitsruhe, aber auch ein tückisches Schweigen, in dessen Mitte ich einschlief.
Beim Erwachen sah ich nichts als das tiefe Becken des Nachthimmels, denn ich lag mit ausgebreiteten Armen rücklings auf einem dünnen Grat und sah ins Sternengewimmel. Ich war mir damals noch nicht so recht klar, wie tief dieses Meer ist, und so fasste mich der Schwindel, als ich es plötzlich entdeckte. Ich fand keine Wurzel, an die ich mich klammern konnte, und kein Dach und kein Zweig waren zwischen diesem Abgrund und mir. Ich war schon losgelöst und begann hineinzufallen wie ein Taucher ins Meer.
Aber ich fiel nicht. Ich fühlte mich vom Kopf zu den Zehen mit unzählbaren Banden der Erde verknüpft. Es war beruhigend, ihr mein Gewicht zu überlassen: die Schwerkraft schien mir allgewaltig wie die Liebe. Ich fühlte, dass die Erde meinen Rücken stützte, mich hielt, mich hob und schließlich in die Weite der Nacht führte. Ich fühlte mich der Erde verbunden mit einem Druck, der dem glich, der uns in Kurven auf den Führersitz presst. Ich genoss die herrliche Stütze, ihre Festigkeit und Sicherheit. Unter mir fühlte ich den gebogenen Rumpf meines Flugzeugs.

Das Gefühl, gehoben zu werden, war so deutlich, dass es mich nicht erstaunt haben würde, wenn in dem Schoß der Erde die Hebel und Streben gestöhnt hätte, so wie alte Segelschiffe knarren, wenn sie sich aufrichten oder anlegen, oder wie verärgerte Flusskähne mürrisch ächzen. Aber in der Tiefe der Erde blieb es still. Nur der Druck an meinen Schultern blieb, ausgeglichen, stetig, ewig gleich. Schwebend hing ich an der Erde wie die Leichen der Galeerensklaven an ihren Ketten auf dem Grund des Meeres. Ich überdachte meine Lage. Ich war verloren in der Wüste und ruchbar bedroht, nackt zwischen Sand und Sternen, fern von meinem Leben einem Übermaß von Stille ausgeliefert. Ich wusste, dass ich Wochen und Monate zur Rückkehr brauchen würde, wenn mich nicht ein Flugzeug fand oder gleich morgen die Mauretanier umbrachten, hier besaß ich gar nichts, ich war nichts als ein armer Verirrter, der wohlig fühlte, dass er atmete. Und dennoch durfte ich entdecken, wie reich an Träumen ich war. Sie kamen zu mir, lautlos wie das Wasser einer Quelle, sodass ich mir zuerst das Glücksgefühl nicht zu deuten wusste, das mich durchdrang. Keine Stimme war zu hören, keine Gestalt zu sehen, und doch fühlte ich, dass etwas bei mir war, eine nahe und schon fast erkannte Freundschaft. Plötzlich wusste ich, was es war, und gab mich mit geschlossenen Augen dem Zauber meiner Erinnerungen hin …

Wind, Sand und Sterne

EIN VORRAT AN GLÜCK

Was geht denn in mir vor? Mein Gewicht bindet mich an den Boden, wo doch alle Sterne mich magnetisch anziehen. Aber wieder ein anderes Gewicht wirft mich auf mich selbst zurück und zieht mich zu so vielen fernen Dingen. Meine Träume sind wirklicher als der Mond, als die Dünen, als alles, was um mich ist. Oh, das Wunder des heimatlichen Hauses besteht nicht darin, dass es uns schützt und wärmt, es besteht auch nicht im Stolz des Besitzes. Seinen Wert erhält es dadurch, dass es in der langen Zeit einen Vorrat von Beglückung aufspeichert, dass es tief im Herzen die dunkle Masse sammelt, aus der wie Quellen die Träume entspringen.

Wind, Sand und Sterne

WIEDER-LESEN

Methode: die Bücher der Kindheit wieder lesen, wobei man völlig den naiven Bestandteil vergessen muss, der keinerlei Wirkung ausübt, aber während der ganzen Lektüre die durch diese Symbolik vermittelten Vorstellungen zu beachten hat.

Carnets

REICHTUM UND SCHWERMUT

Es kommt die Stunde, in der die alten Dinge ihren Sinn erhalten, der darin bestand, dir zum Werden zu verhelfen. Es kommt die Stunde, in der du dich dadurch reich fühlst, dass du einstmals geliebt hast. Und darin besteht die Schwermut, und sie ist süß.

Stadt in der Wüste

DIE SUMME DER STUNDEN

Die Größe eines Berufes besteht vielleicht vor allem anderen darin, dass er Menschen zusammenbringt. Es gibt nur eine wahrhafte Freude: den Umgang mit Menschen (…). Wenn wir nur für Geld und Gewinn arbeiten, bauen wir uns ein Gefängnis und schließen uns wie Klausner ein. Geld ist nur Schlacke und kann nichts schaffen, was das Leben lebenswert macht.
Sollte ich unter meinen Erinnerungen die namhaft machen, die ihren kräftigen Geschmack behalten haben, sollte ich die Summe der Stunden ziehen, die in meinem Leben zählen, so finde ich gewiss nur solche, die mir kein Vermögen der Welt je verschafft hätte.

Wind, Sand und Sterne

Wenn wir das Wesentliche
erkennen wollen, müssen wir
für einen Augenblick
alle Trennungen vergessen.

Der Geograph schlug sein Registrierbuch auf und spitzte seinen Bleistift. „Nun?", fragte er.

„Oh, bei mir zu Hause", sagte der kleine Prinz, „ist nicht viel los, da ist es ganz klein. Ich habe drei Vulkane. Zwei Vulkane in Tätigkeit und einen erloschenen. Aber man kann nie wissen."

„Man weiß nie", sagte der Geograph.

„Ich habe auch eine Blume."

„Blume ... Wir schreiben die Blumen nicht auf", sagte der Geograph.

„Warum das? Sie sind das Schönste!"

„Weil die Blumen vergänglich sind."

„Was heißt ‚vergänglich'?"

„Die Geographiebücher", entgegnete der Geograph, „sind die wertvollsten von allen Büchern. Sie veralten nie. Es ist sehr selten, dass ein Berg seinen Platz wechselt. Es ist sehr selten, dass ein Ozean seine Wasser ausleert. Wir schreiben die ewigen Dinge auf."

„Aber die erloschenen Vulkane können wieder aufwachen", unterbrach ihn der kleine Prinz. „(...) Was bedeutet ‚vergänglich'?"

„Ob die Vulkane erloschen oder tätig sind, kommt für uns aufs Gleiche hinaus", sagte der Geograph. „Was für uns zählt, ist der Berg. Er verändert sich nicht."

„Aber was bedeutet ‚vergänglich'?", wiederholte der kleine Prinz, der in seinem Leben noch nie auf eine einmal gestellte Frage verzichtet hatte.

„Das heißt: ‚vom baldigen Entschwinden bedroht'."

„Ist denn meine Blume vom baldigen Entschwinden bedroht?", fragte der kleine Prinz.

„Gewiss."

Der kleine Prinz

V

Wenn ich dreiundfünfzig Minuten übrig hätte...

ZEIT HABEN ODER IM ZEITRAFFER LEBEN?

„Guten Tag", sagte der kleine Prinz.

„Guten Tag", sagte der Händler.

Er handelte mit höchst wirksamen, durststillenden Pillen. Man schluckt jede Woche eine und spürt überhaupt kein Bedürfnis mehr, zu trinken.

„Warum verkaufst du das?", sagte der kleine Prinz.

„Das ist eine große Zeitersparnis", sagte der Händler. „Die Sachverständigen haben Berechnungen angestellt. Man erspart dreiundfünfzig Minuten in der Woche."

„Und was macht man mit diesen dreiundfünfzig Minuten?"

„Man macht damit, was man will …"

„Wenn ich dreiundfünfzig Minuten übrig hätte", sagte der kleine Prinz, „würde ich ganz gemächlich zu einem Brunnen laufen …"

Der kleine Prinz

DIE ZEIT VERRINNT …

Es ist gut, wenn uns die verrinnende Zeit nicht als etwas erscheint, das uns verbraucht und zerstört wie eine Handvoll Sand, sondern als etwas, das uns vollendet.

Stadt in der Wüste

Denn so wenig wie vom Baum weißt du vom Menschen, wenn du ihn in seiner Dauer ausbreitest und ihn nach seinen Unterschieden einteilst. Mitnichten ist der Baum zuerst Same, dann Spross, dann biegsamer Stamm, dann dürres Holz. Man darf ihn nicht zerlegen, wenn man ihn kennenlernen will. Der Baum ist jene Macht, die sich langsam dem Himmel vermählt. So steht es mit dir, du kleiner Mensch. Gott lässt dich geboren werden und aufwachsen, er erfüllt dich nacheinander mit Wünschen und Klagen, mit Freuden und Leiden, mit Zorn und Vergebung; dann nimmt er dich heim zu sich. Du bist indessen weder dieser Schüler noch dieser Gatte, weder dieses Kind noch dieser Greis. Du bist einer, der sich vollendet. Und wenn du dich als ein wiegender Zweig zu entdecken weißt, der fest mit dem Ölbaum verwachsen ist, wirst du in deinen Bewegungen die Ewigkeit kosten. Und alles um dich her wird ewig werden (…). Die Zeit ist dann nicht mehr ein Stundenglas, das seinen Sand verbraucht, sondern eine Schnitterin, die ihre Garbe bindet.

Stadt in der Wüste

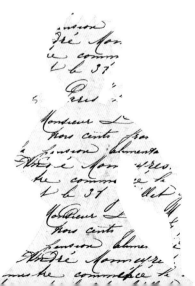

Ich sprach dir vom Bäcker, der den Brotteig knetet, und solange dieser nachgibt, bedeutet das, dass nichts daraus entsteht. Aber es kommt die Stunde, in der der Teig gebunden wird, wie sie sagen. Und dann entdecken die Hände in der gestaltlosen Masse Kraftlinien, Spannungen und Widerstände. Im Teig entwickelt sich ein Wurzelgeflecht. Das Brot ergreift Besitz vom Teig wie ein Baum von der Erde.

Du kaust deine Probleme wider und nichts tritt zutage. Du gehst von einer Lösung zur anderen über, denn keine befriedigt dich. Du bist unglücklich, weil du nicht wirken kannst, denn allein das Fortschreiten begeistert. Und so packt dich der Ekel, weil du dich zersplittert und gespalten fühlst (…). Lies aus der Gegenwart das Sein ab, zu dem du wirst. Gib ihm Ausdruck!

Stadt in der Wüste

BEJAHE DEN TAG!

Der ist ein Narr, der sich an der Vergangenheit die Zähne ausbricht, denn sie ist ein Granitblock und hat sich vollendet. Bejahe den Tag, wie er dir geschenkt wird, statt dich am Unwiederbringlichen zu stoßen. Das Unwiederbringliche besitzt keinen Wert, denn es ist der Stempel, der allem Vergangenen aufgeprägt ist.

Stadt in der Wüste

EINEN BAUM PFLANZEN

Wenn man eine Eiche pflanzt, darf man nicht die Hoffnung hegen, nächstens in ihrem Schatten zu ruhen. So geht das Leben. Wir haben uns Schätze erworben, wir haben jahrelang gepflanzt. Aber dann sind Zeiten gekommen, in denen böses Wetter die Arbeit vernichtet und die Wälder gelichtet hat. Einer um den anderen sind die großen Bäume gestürzt, einer um den anderen haben uns die Kameraden verlassen. Und in unsere Trauer mischt sich leise der Kummer, dass das Altern beginnt.

Wind, Sand und Sterne

Eines Abends in der Wüste am Lagerfeuer erzählte jener Dichter die schlichte Geschichte seines Baumes (…):
„Ihr wisst nicht, was ein Baum ist. Ich habe einen gesehen, der von ungefähr in einem verlassenen Hause, einem fensterlosen Gemäuer gewachsen war, und der sich aufgemacht hatte, das Licht zu suchen. Wie der Mensch Luft um sich haben muss und der Karpfen Wasser, braucht der Baum Helle. Denn da er mit seinen Wurzeln in die Erde und mit seinen Zweigen in die Gestirne gepflanzt ist, ist er der Weg des Austausches zwischen uns und den Sternen. Dieser Baum hatte also in der Finsternis seine mächtigen Wurzeln ausgedehnt; er war von Wand zu Wand getappt, er war hin und her geschwankt, und dieser Kampf hatte sich in die Windungen seines Stammes eingezeichnet. Sodann hatte er zur Sonne hin ein Mauerloch aufgebrochen und war hochgeschossen, aufrecht wie ein Säulenschaft (…) und entfaltete sich in aller Ruhe …
Und ich sah, wie er jeden Morgen bei Tagesanbruch vom Wipfel bis zum Fuße erwachte. Denn er war beladen mit Vögeln. Und sobald es dämmerte, begann er zu leben und zu singen; wenn dann die Sonne aufgegangen war, ließ er seine Schätze in den Himmel hinaus wie ein nachsichtiger alter Hirte (…)."
So erzählte er, und wir wussten, dass man den Baum lange anschauen muss, damit er ebenso in uns gedeihe. Und ein jeder beneidete ihn um diese Fülle von Blättern und Vögeln, die er in seinem Herzen trug.

Stadt in der Wüste

Ihm war, als trüge er eine bleischwere Last mit erhobenen Armen, wie lange schon; Mühsal ohne Rast und ohne Hoffnung. ‚Ich werde alt …' Alt, wenn er nicht mehr im Tun selbst seine ganze Befriedigung fand. Er verwunderte sich über sich selber, dass er sich plötzlich mit solchen Fragen abgab, die er sich nie gestellt hatte. Aber sie geisterte um ihn mit schwermütigem Flüstern, die Fülle aller Annehmlichkeiten, die er immer beiseitegeschoben hatte: eine verlorene Welt. ‚So nah ist das alles?' (…) Er gestand sich ein, dass er alles, was das Leben süß macht, nach und nach immer mehr auf das Alter hin verschoben hatte, auf den Augenblick, da er ‚Zeit dazu haben' würde. Als ob man wirklich eines Tages Zeit dazu haben könnte. Als ob man ganz am Ende des Lebens den glücklicheren Frieden gewinnen könnte, den man sich erträumt …

Nachtflug

Es ist sinnlos und trügerisch, sich mit der Zukunft zu befassen. Hingegen kommt es allein darauf an, der heutigen Welt Ausdruck zu verleihen. Und Ausdruck verleihen bedeutet, aus der zusammenhanglosen Gegenwart das eine Gesicht zu formen, das sie beherrscht; es bedeutet, mit Hilfe der Steine die Stille zu erschaffen.

Und alles andere Vorhaben ist nur Wind der Worte.

Stadt in der Wüste

Wir bewohnen einen Wandelstern.
Manchmal zeigt er uns seine Herkunft;
ein Teich, der mit dem Meer
in Verbindung steht, lässt uns
verborgene Verwandtschaften ahnen.

Paris le 1er Mai 1890
Monsieur L. D. Mommeyres
André Mommeyres.
le 31 juillet prochain

DER HEUTIGE TAG

Deine gesamte Vergangenheit ist nur eine Geburt des heutigen Tages. Sie ist so und nicht anders. Nimm sie, wie sie ist, und verrücke nicht die Berge darin. Sie sind, wie sie nun einmal sind.

Stadt in der Wüste

VOM SINN DER DINGE

Der ist wahrhaftig blind, der den Menschen nur in seinen Taten gewahr wird und glaubt, nur die Tat mache ihn kund oder die greifbare Erfahrung oder die Ausnutzung eines bestimmten Vorteils. Für den Menschen ist nicht entscheidend, worüber er im Augenblick verfügt (…). Für den Menschen kommt es allein auf den Sinn der Dinge an.

Stadt in der Wüste

Denn dein Reichtum besteht im Brunnenbohren, im Erlangen eines Ruhetages, im Schürfen von Diamanten, im Gewinnen der Liebe. Aber er besteht nicht darin, Brunnen, Ruhetage, Diamanten und die Freiheit der Liebe zu besitzen. Ebenso beruht er nicht darauf, dass du nach diesen Dingen verlangst, ohne sie zu erstreben.

Stadt in der Wüste

Seele und Herz entziehen sich den Regeln der Logik und den Gesetzen der Zahl.

Stadt in der Wüste

DAS WESENTLICHE
IST FÜR DIE AUGEN UNSICHTBAR

„Adieu", sagte der Fuchs. „Hier ist mein Geheimnis. Es ist ganz einfach: Man sieht nur mit dem Herzen gut. Das Wesentliche ist für die Augen unsichtbar."

„Das Wesentliche ist für die Augen unsichtbar", wiederholte der kleine Prinz, um es sich zu merken.

„Die Zeit, die du für deine Rose verloren hast, sie macht deine Rose so wichtig."

„Die Zeit, die ich für meine Rose verloren habe …", sagte der kleine Prinz, um es sich zu merken.

„Die Menschen haben diese Wahrheit vergessen. Du bist zeitlebens für das verantwortlich, was du dir vertraut gemacht hast. Du bist für deine Rose verantwortlich …"

„Ich bin für meine Rose verantwortlich …", wiederholte der kleine Prinz, um es sich zu merken.

Der kleine Prinz

Für den Menschen
gibt es nur eine Wahrheit,
das ist die, die aus ihm
einen Menschen macht.

VI.

Lass mich einen Schritt ganz alleine tun...

IN DER STILLE DIE EIGENE WAHRHEIT SUCHEN

Der Raum des Geistes,
dort wo er seine Flügel
öffnen kann,
das ist die Stille.

Ich habe es nicht gesehen, wie er sich in der Nacht auf den Weg machte. Er war lautlos entwischt. Als es mir gelang, ihn einzuholen, marschierte er mit raschen, entschlossenen Schritten dahin.

Er sagte nur: „Ah, da bist du …"

Und er nahm mich bei der Hand. Aber er quälte sich noch: „Du hast nicht recht getan. Es wird dir Schmerz bereiten. Es wird aussehen, als wäre ich tot, und das wird nicht wahr sein …"

Ich schwieg.

„Du verstehst. Es ist zu weit. Ich kann diesen Leib da nicht mitnehmen. Er ist zu schwer."

Ich schwieg.

„Aber er wird daliegen wie eine alte verlassene Hülle. Man soll nicht traurig sein um solche alten Hüllen …"

Ich schwieg.

Er verlor ein bisschen den Mut. Aber er gab sich noch Mühe: „Weißt du, es wird allerliebst sein. Auch ich werde die Sterne anschauen. Alle Sterne werden Brunnen sein mit einer verrosteten Winde. Alle Sterne werden mir zu trinken geben …"

Ich schwieg.

„Das wird lustig sein! Du wirst fünfhundert Millionen Schellen haben, ich werde fünfhundert Millionen Brunnen haben …"

Und auch er schwieg, weil er weinte …

„Da ist es. Lass mich einen Schritt ganz allein tun."

Und er setzte sich, weil er Angst hatte.

Der kleine Prinz

Gewiss, die Sahara ist unabsehbar weit, nur eintöniger Sand – oder genauer, da die Dünen selten sind –, ein kiesreicher Strand. Man badet da dauernd im Wesen der Langeweile selbst. Indessen bauen ihre unsichtbaren Gottheiten ein Netz von Richtlinien, Neigungen und Zeichen, eine geheimnisvolle und lebendige Muskulatur. Es gibt keine Einförmigkeit mehr. Alles nimmt Richtung an. Keine Stille gleicht mehr der andern … Alles wird Pol. Jeder Stern bedeutet eine wirkliche Richtung. Es sind alles Sterne der drei Weisen. Sie dienen alle ihrem eigenen Gott. Dieser da bezeichnet die Richtung eines entfernten, schwer erreichbaren Brunnens. Und was dich von diesem Brunnen trennt, ist so gewichtig wie ein Wall. Jener bezeichnet die Richtung eines versiegten Brunnens. Der Stern selbst sieht nach Trockenheit aus. Und was dich von dem versiegten Brunnen trennt, ist kein lockender Hang. Ein anderer Stern dient als Führer zu einer unbekannten Oase, von der dir die Nomaden gesungen haben (…). Und der Sand, der dich von der Oase trennt, ist eine Märchenwiese. Dieser bezeichnet die Richtung einer weißen Stadt im Süden, einer köstlichen, scheint es, köstlich wie eine Frucht, in die man die Zähne schlägt. Und jener die Richtung des Meeres.

Und schließlich wirken von weit her die Kräfte fast irrealer Pole wie Magnete in dieser Wüste: ein Haus der Kindheit, das in der Erinnerung lebt, ein Freund, von dem man nichts weiß, als dass es ihn gibt.

Brief an einen Ausgelieferten

ENDLOSES ZUHÖREN

Die Wüste empfängt die Schritte,
einen nach dem anderen, wie ein
endloses Zuhören, das deine Worte
verschlingt und dich verstummen
lässt.

Stadt in der Wüste

WENN ALLES GESAGT IST …

Stille, du Musikantin der Früchte! Die du die Keller, die
Kammern und Speicher bewohnst! Du Gefäß voller
Honig, den der Fleiß der Bienen ansammelt! Du Ruhe
des Meeres in seiner Fülle! (…)
Stille des Menschen, der sich aufstützt und nach-
denkt, der fortan ohne Aufwand empfängt und dem
Gehalt seiner Gedanken eine Form gibt. Stille, die
ihn erkennen lässt und seine Unwissenheit möglich
macht, denn zuweilen ist es gut, dass er nicht weiß …
Stille des Herzens. Stille der Sinne. Stille der inneren
Worte, denn es ist gut, wenn du Gott wiederfindest,
der die Stille im Ewigen ist. Wenn alles gesagt, wenn
alles getan ist.

Stadt in der Wüste

Nur in der Stille
kann die Wahrheit eines jeden
Früchte ansetzen
und Wurzeln schlagen.

Auf welch winziger Bühne rollt das große Spiel des menschlichen Hasses, der menschlichen Freundschaften und Freuden ab! Woher haben die Menschen ihren Blick auf die Ewigkeit, wo sie doch vom Zufall auf eine noch warme Lava geworfen sind und schon vom andringenden Sand und Schnee bedroht werden? Ihre Kultur ist nur eine dünne Vergoldung, die ein Vulkanausbruch zerreißt, ein neues Meer wegwäscht, ein Sandsturm begräbt.

Wohl kann man sich einbilden, dass diese Stadt auf wirklich festem Boden ruht, reich und tief wie das Ackerland der Beauce, des Gartens von Frankreich. Aber man vergisst, dass hier wie überall das Leben ein Luxus ist, dass unter den Schritten der Menschen der Boden nirgends sehr fest und tief ist.

Wind, Sand und Sterne

Schöpferisch sein heißt vielleicht, einen bestimmten Tanzschritt verfehlen … Denn der schöne Tanz entsteht aus der Inbrunst, die zum Tanzen treibt. Und die Inbrunst erfordert, dass alle tanzen – auch jene, die schlechte Tänzer sind –, sonst entsteht keine Inbrunst, sondern eine verknöcherte Akademie und ein sinnloses Schauspiel.

Verdamme nicht die Irrtümer nach Art eines Geschichtsschreibers, der über eine schon abgeschlossene Epoche berichtet. Wer wird denn der Zeder Vorwürfe machen, weil sie erst nur ein Samenkorn oder ein schief gewachsenes Stämmchen ist? Lass sie nur gewähren. Aus Irrtum über Irrtum wird der Zedernwald emporwachsen (…).

Irrtum des einen, Erfolg des anderen – beunruhige dich nicht über solche Einteilungen. Nur die große Zusammenarbeit ist fruchtbar, an der der eine durch den anderen teilhat. Und die misslungene Bewegung dient der gelungenen Bewegung. Und die gelungene Bewegung weist dem, dem die seine misslang, das Ziel, das sie gemeinsam verfolgten. Wer den Gott findet, findet ihn für alle.

Stadt in der Wüste

Das, worauf es im Leben am meisten ankommt, können wir nicht vorausberechnen. Die schönste Freude erlebt man immer da, wo man sie am wenigsten erwartet hat. Diese Sternstunden aber lassen eine so tiefe Sehnsucht im Herzen zurück, dass manche Menschen Heimweh nach ihren trüben Zeiten fühlen, wenn diesen ihre Freuden entsprossen sind (…).

Wir wissen zu unserer Lebensgestaltung nur, dass es Mächte gibt, die den Menschen überraschend fruchtbar werden lassen. Wo aber soll man das einzig Richtige, die Wahrheit für jeden einzelnen Menschen finden?

Wahrheit kann man nicht durch Beweisketten erschließen, man muss sie erproben. Wenn Apfelsinenbäume in diesem Boden und nicht in jenem gut anwurzeln und reichlich Früchte tragen, dann ist dieser Boden ihre Wahrheit. Wenn ein Glaube, eine Kultur, ein Wertmaßstab, ein Arbeitsplan im Menschen jene Erfüllung, von der wir hier sprechen, auszulösen vermögen, dann ist eben dieser Wertmaßstab, diese Kultur, dieser Arbeitsplan, dieser Glaube die Wahrheit des Menschen. Die Logik? Sie sehe zu, wie sie mit dem Leben fertig wird und von ihm Rechenschaft abzulegen vermag!

Wind, Sand und Sterne

Korn ist etwas anderes als fleischliche Nahrung. Den Menschen ernähren ist etwas anderes als ein Stück Vieh mästen. Das Brot spielt so mancherlei Rollen! Wir haben im Brot ein Werkzeug menschlicher Gemeinschaft kennengelernt, um des Brotes willen, das gemeinsam gebrochen wird. Wir haben im Brot das Bild der Größe der Arbeit kennengelernt, um des Brotes willen, das im Schweiße des Angesichts verdient wird. Wir haben im Brot den wesentlichen Träger der Barmherzigkeit kennengelernt, um des Brotes willen, das in der Stunde des Elends ausgeteilt wird. Der Geschmack des geteilten Brotes hat nicht seinesgleichen. (…) Brot gleicht dem Öl in der Lampe. Es wandelt sich in Licht. (…) Ich habe den Schimmer des Korns aufleuchten sehen.

Flug nach Arras

ABSCHIED

Wenn wir einen Toten beerdigen, lieben wir ihn, doch mit dem Tod selbst haben wir keine Berührung. Der Tod ist etwas Großes. Er knüpft neue Bande mit den Ideen, Dingen, den Gewohnheiten des Toten. Er ordnet die Welt neu. Scheinbar hat sich nichts geändert, und doch ist alles anders geworden. Die Seiten des Buches sind wohl noch die gleichen, aber der Sinn des Buches fehlt. Um ein Verständnis für den Tod zu bekommen, müssen wir uns die Stunden vorstellen, wo wir des Toten bedürfen. Dann fehlt er uns. Müssen wir uns die Stunden vorstellen, da er uns gebraucht hätte. Aber er braucht uns nicht mehr. Müssen wir uns die Stunde eines Freundesbesuches vorstellen. Und wir finden sie inhaltlos. Wir müssen das Leben aus der Perspektive betrachten. Aber am Tag der Beerdigung sind Perspektive und Abstand dahin. Der Tote besteht nur noch aus Bruchstücken. Am Tag seiner Beerdigung finden wir keine rechte Zeit vor lauter Herumstehen, Händeschütteln bei wahren und falschen Freunden, äußerlichen Beschäftigungen. Erst morgen wird der Tote sterben, wenn es still geworden ist. Dann zeigt er sich in seiner Ganzheit und reißt sich erst völlig von unserem Wesen los. Dann schreien wir auf; denn dann erst geht er wirklich von uns, und wir können ihn nicht halten.

Flug nach Arras

WIE EIN BAUM

Als Lebende und Tote werdet ihr euch alle gleich sein.
Die Abwesenden werden wie Tote sein und die Toten
wie Abwesende.
Doch wenn ihr zu einem Baume gehört, ist ein jeder
auf alle und sind alle auf jeden einzelnen angewiesen.
Und ihr werdet weinen, wenn einer nicht mehr da ist.

Stadt in der Wüste

VERKNÜPFUNGEN

Darum sage ich dir, dass es bei der Formung des Menschen nicht vor allem darauf ankommt, ihn zu belehren, denn es ist sinnlos, wenn er nur noch ein Buch auf
zwei Beinen ist, sondern ihn zu erheben und auf die
Stufen hinaufzuführen, in denen es nicht mehr Dinge
gibt, sondern Gesichter, die aus dem göttlichen Knoten hervorgingen, welcher die Dinge verknüpft.

Stadt in der Wüste

GOTT LESEN

Jedes Herzklopfen, jedes Leid, jedes Verlangen, jede
Schwermut am Abend, jede Mahlzeit, jede Mühe bei
der Arbeit, jedes Lächeln, jede Müdigkeit im Laufe des
Tages, jedes Erwachen, jedes Wohlbehagen beim Einschlafen – sie alle erhalten ihren Sinn durch den Gott,
der durch sie hindurch zu lesen ist.

Stadt in der Wüste

ERSCHÜTTERUNGEN

Ich wohnte einstmals in einem Dorfe, das auf den sanften Hang eines Hügels gebaut war; es war gut in die Erde und ihren Himmel gefügt – ein Dorf, das für die Dauer geschaffen schien und dauerte. Durch den langen Gebrauch lag ein wunderbarer Glanz auf dem Rande unserer Brunnen, auf dem Stein unserer Schwellen, auf dem geschwungenen Geländer unserer Brunnen. Aber da erwachte etwas eines Nachts in den unterirdischen Grundfesten. Wir erkannten, dass sich unter unseren Füßen die Erde wieder zu regen und zu formen begann. Was schon getan war, wurde wieder zur Mühsal. Und wir bangten nicht so sehr um uns selber als um den Gegenstand unserer Mühen. Um all das, wogegen wir uns im Lauf unseres Lebens ausgetauscht hatten. Ich selber war Silberschmied und bangte um den großen silbernen Krug, an dem ich seit zwei Jahren arbeitete. Für den ich zwei durchwachte Jahre hingegeben hatte (…). Ein anderer war in Angst wegen der Ölbäume, die er gepflanzt hatte. Und ich behaupte, dass keiner von uns den Tod fürchtete, doch wir alle bangten um kleine törichte Dinge. Wir wurden gewahr, dass das Leben nur dann einen Sinn hat, wenn man sich nach und nach austauscht. Im Tode des Gärtners liegt nichts, was einen Baum verletzt. Bedrohst du aber den Baum, so stirbt der Gärtner einen zwiefachen Tod.

Stadt in der Wüste

DIE INBRUNST DER KERZEN

Und Gott steigt bis zum Hause hinab, um zum Hause zu werden. Und für den Demütigen, der die Kerzen anzündet, ist Gott die Pflicht, die das Anzünden der Kerzen verlangt. Für einen, der für die Menschen einsteht, ist der Mensch nicht nur ein Wort seines Wörterbuches. Der Mensch, das sind alle, für die er Verantwortung trägt. Es ist allzu leicht, sich davonzumachen und Gott vor dem Kerzenanzünden den Vorrang zu geben. Ich aber kenne nicht den Menschen, sondern Menschen. Nicht die Freiheit, sondern freie Menschen. Nicht das Glück, sondern glückliche Menschen. Nicht die Schönheit, sondern schöne Dinge. Nicht Gott, sondern die Inbrunst der Kerzen.

Stadt in der Wüste

STERNSEHER

So habe ich jenen bemerkt, der Musik hört und nicht das Bedürfnis verspürt, in sie einzudringen. Er lässt sich wie auf einer Sänfte in die Musik hineintragen und will ihr nicht entgegen schreiten; er verzichtet auf die Frucht, deren Schale bitter ist. Ich aber sage: es gibt keine Frucht ohne Schale (…). Es entsteht kein Abenteuer, wenn ich mich nicht einsetze. Wenn meine Sternseher die Milchstraße betrachten, lassen die Nächte, die sie mit ihren Forschungen verbracht haben, sie das große Buch entdecken, dessen Seiten herrlich knistern, wenn man sie umwendet; so beten sie Gott an, weil er die Welt mit solch einem Inhalt erfüllte, der das Herz ergreift.

Stadt in der Wüste

Wie könnte sich der Wassertropfen als Fluss erkennen? Und doch strömt der Fluss. Wie könnte sich jede
Zelle des Baums als Baum erkennen? Und doch wächst
der Baum. Wie könnte ein jeder Stein eine Vorstellung
vom Tempel besitzen? Und dennoch birgt der Tempel
seine Stille wie ein Speicher.

Wie können die Menschen ihre Handlungen erkennen, wenn sie nicht zuvor mühselig und in Einsamkeit
den Berg erstiegen haben und in der Stille zu werden
versuchten? Und gewiss kann Gott allein die Gestalt
des Baumes erkennen.

Stadt in der Wüste

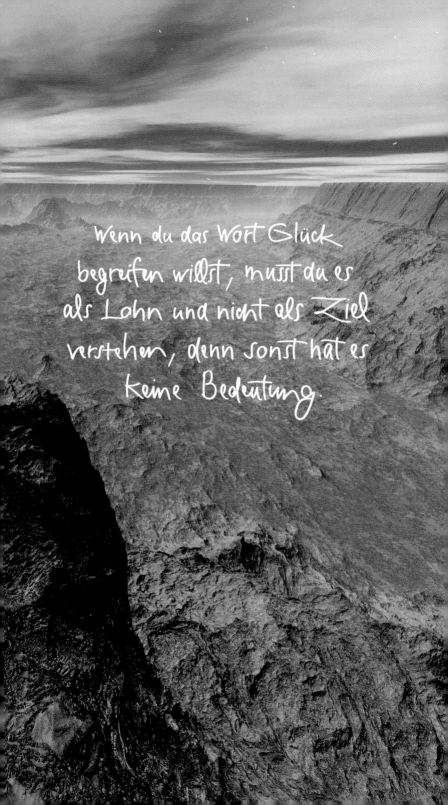

Wenn du das Wort Glück
begreifen willst, musst du es
als Lohn und nicht als Ziel
verstehen, denn sonst hat es
keine Bedeutung.

JENSEITS DER STERNE

Und ich begriff, dass einer, der das Lächeln der Statue oder die Schönheit der Landschaft oder das Schweigen des Tempels erkennt, Gott findet. Schreitet er doch über den Gegenstand hinaus, um den Schlüssel zu erlangen, und über die Worte, um den Lobgesang zu hören, und über die Nacht und die Sterne, um die Ewigkeit zu erfahren. Denn Gott ist vor allem Sinn deiner Sprache, und wenn deine Sprache einen Sinn annimmt, offenbart sie dir Gott. Jene Tränen des kleinen Kindes sind, wenn sie dich rühren, eine Luke, die auf das offene Meer hinausgeht. Denn dich bewegen nicht diese Tränen allein, sondern alle Tränen. Das Kind nimmt dich nur an der Hand, um dich zu lehren.

Stadt in der Wüste

LEBEN UND TOD

Wenn Tod und Leben Worte sind, die einander die Zunge zeigen, so bleibt doch bestehen, dass du nur von etwas zu leben vermagst, wofür du auch sterben kannst. Und wer sich dem Tode versagt, versagt sich dem Leben.
Denn wenn nichts über dir ist, hast du nichts zu empfangen. Außer von dir selber. Was aber erhältst du schon von einem leeren Spiegel?

Stadt in der Wüste

Gewiss ist die Vollkommenheit unerreichbar. Sie hat nur den Sinn, deinen Weg wie ein Stern zu leiten. Sie ist Richtung und Streben auf etwas hin. Doch nur auf deinen Weg kommt es an, und es gibt keine Vorräte, in deren Mitte du dich niederlassen könntest. Denn dann stirbt das Kraftfeld, das dich ausschließlich beseelt, und du gleichst einem Leichnam.

Und wenn einer den Stern vernachlässigt, so tut er das, weil er sich niedersetzen und schlafen möchte. Und wo setzt du dich nieder? Und wo schläfst du? Ich kenne keinen Ort, wo sich ruhen ließe. Denn ein Ort begeistert dich, weil du dort einen Sieg errungen hast. Nicht so das Schlachtfeld, auf dem du diesen jungen Sieg einatmest, und nicht so die Sänfte, die du daraus anfertigst, wenn du gedenkst, von deinem Sieg zu leben.

Stadt in der Wüste

GLÜCK

Weißt du nicht mehr, dass die Suche nach Glück niemals Voraussetzung des Glückes ist? Du würdest dich niedersetzen, denn du wüsstest nicht wohin du gehen sollst. Wenn du es erschaffen hast, wird dir das Glück als Lohn gewährt.

Stadt in der Wüste

Gott lässt sich nicht erreichen,
aber er steht als Ziel vor dir,
und der Mensch baut
sich wie ein Geäst
in den Raum hinein.

Bibliografische Angaben:

Die hier zitierten Texte von Antoine de Saint-Exupéry sind entnommen aus folgenden Werken:

Südkurier (Courrier Sud, 1929), dt. von Paul Graf von Thun-Hohenstein
Wind, Sand und Sterne (Terre des Hommes, 1939), dt. von Henrik Becker
Flug nach Arras (Pilote de Guerre, 1942), dt. von Fritz Montfort
Der kleine Prinz (Le Petit Prince, 1943), dt. von Grete und Josef Leitgeb
Alle aus: Antoine de Saint-Exupéry, Gesammelte Schriften in drei Bänden, Erster Band, © Deutsche Übersetzung der Texte: Karl Rauch Verlag, Düsseldorf.

Brief an einen Ausgelieferten, dt. von Josef Leitgeb
Carnets (1936–1944), dt. von Oswalt von Nostitz
Aus: Antoine de Saint-Exupéry, Gesammelte Schriften in drei Bänden, Dritter Band, © Deutsche Übersetzung der Texte: Karl Rauch Verlag, Düsseldorf.

Die Stadt in der Wüste (Citadelle, Posthum 1948), dt. von Oswalt von Nostitz
Aus: Antoine de Saint-Exupéry, Die Stadt in der Wüste, © Deutsche Übersetzung der Texte: Karl Rauch Verlag, Düsseldorf.

Nachtflug (Vol de Nuit, 1931), dt. von Hans Reisiger
© S. Fischer Verlag GmbH, Frankfurt am Main.

Mit Fotos von:
SJ Travel Photo and Video/shutterstock (Umschlag, S. 8/9, 18, 24, 30/31, 43, 54/55, 67, 76, 82/83, 87, 98/99, 113-116, 125, 137), **HelenField**/shutterstock (Umschlag, S. 4/5, 48/49, 71, 92), **Ensuper**/shutterstock (S. 8/9, 30/31, 54/55, 82/83, 98/99, 114/115), **Spectral-Design**/shutterstock (S. 12/13, 26/27, 91, 140/141), **Jurik Peter**/shutterstock (S. 29, 52/53, 62/63), **Denis Rozhnovsky**/shutterstock (S. 35, 58/59, 80, 96, 108/109, 130), **Elenarts**/shutterstock (S. 40/41, 126), **Jan Kaliciak**/shutterstock (S. 72/73, 104, 134/135), **tsuneomp**/shutterstock (S. 94/95, 139), **Brian Raisbeck**/iStock (S. 120/121).

ISBN 978-3-86917-531-7
© 2017 Verlag am Eschbach der Schwabenverlag AG
Im Alten Rathaus/Hauptstraße 37
D-79427 Eschbach/Markgräflerland
Alle Rechte vorbehalten.

www.verlag-am-eschbach.de

Gestaltung, Satz und Repro: Angelika Kraut, Verlag am Eschbach
Schriftvorlagen: Ulli Wunsch, Wehr
Herstellung: CPI books GmbH, Leck

Dieser Baum steht für umweltschonende Ressourcenverwendung, individuelle Handarbeit und sorgfältige Herstellung.